JN439616

박제 剝製

국립중앙도서관 출판예정도서목록(CIP)

박제 / 지은이: 박수중. -- 대전 : 지혜, 2017
p. ; cm. -- (미네르바시선 ; 43)

한자표제: 剝製
ISBN 979-11-5728-244-9 03810 : ₩9000

한국 현대시[韓國現代詩]

811.7-KDC6
895.715-DDC23 CIP2017019271

박제 剝製

박수중 戀詩選集

시인의 말

누구에게나 그리움은 가장 순수한 원초적 감성입니다
그것은 영원한 삶의 비의秘義이자
정신의 원동력이라 믿습니다

『크레바스』이후 쓴 새로운 작품중에서, 그리고 이미 발간한 세 권의 시집중에서 관련 시들을 묶어 여기에 상자上梓합니다

저에게는 언제까지고 끝나지 않을 기다림의 미학으로 남을 것입니다

2017년 여름
有餘 朴秀重

차례

1부 박제

2부 기억을 지우다

3부 암호

4부 자각몽

5부 기억을 초기화하다

• 일러두기

한 연이 첫 번째 행에서 시작될 때는 > 로 표시합니다.

1부

박제

박제 剝製

얼굴의 근육이 움직이지 않아요
표정이 조금씩 굳어져 가요
울음이 자리잡아도 터지지 않는군요

기억속 그리움이 점점 희미해져 가요
한가지 생각만 해온 머리가
텅 비워졌어요

그렇게도 잊지 못하여 애 태우던
내장은 그대로 삭아 버렸어요

팔을 들어 올리기도 거북해요
먼 환상에도 손짓조차 하기 어렵구요
관절이 겨우 막대기처럼 서 있어요

몸안의 수분이 生의 나이테만큼
빠져 나가는 것 같아요
이제 할 수 있는 건
횃대에 올려져 멍때리기 뿐
저녁 노을을 붙잡을 수는 없잖아요

비雨, 피그말리온* 효과

장마, 쏟아지는 비에
사라졌다 다시 나타나는 강남역 0번 출구
버려진 작대기에 줏은 전단지를 줄로 묶고
헌 모자를 씌워 보도철책에 기대어 세운다
아무도 알아보지 못하지만
비에 젖으면 젖을수록
내 외로움을 쫓는
영락없는 그 옛날의 사람이다
옆 빌딩의 카페베네 창가에 앉아
주룩주룩 비를 맞는 초라한 그 모습을
우두커니 내려다 본다

빗속 기다림만이 남아있는
갈 데도 없는 오후 한나절 내내
내 시선에 부딪쳐
어쩔줄 모르고 젖어 무너지는
무념無念의 시간들
갑자기 비가 멎고 반짝 햇빛이 들었다
어디선가 한줄기 바람이 불어오고
수증기가 피어 오르며

허수아비가 서서히 일어나고 있다

* pygmalion : 그리스 신화, 조각을 빚어 염원으로 사람이 되게 하다.

미니멀리즘 게임*

이미지가 겹치는 것은 다 버리고
남은 여백에 있어야 할 최소한만 남긴다

가장 많은 책부터 버리기 시작한다
내가 쓴 글조차 덧없는 독백으로
연기처럼 사라질 것이다
흔한 사진도 영정용 외에는
하나도 남길 것이 없는데
과연 살아온 인연은 어디까지 이어지는지
무수한 관계는 어느 시점에서 끊어야 하는지
대체 머릿속에는 무슨 생각이 들어 있어야
나라고 하는 것인지
정작 그 혼돈에서 버릴 것을
골라내기란 쉽지 않다
그래도 어쨌든 먼 기억의 당신마저 지우고 나면
아마도 저무는 기다림만 남을 것이다
아무리 낡아가도
어차피 시간만은 버릴 방법이 없으니

* minimalism game : 매일 무엇이고 버려 최소한으로 남기는 비우기 게임.

연 鳶, 緣

오랫동안 소식이 없어
먼 구름만 바라보았지
그러다가 문득 생각난 듯
엽서가 오기 시작했다
그대에게 라고 쓰고는
푸른 하늘의 바탕 그림에
가오리연이 그려져 있었고
다음부터는 단지 꼬리만
수십 번 연이어져 왔다
어느 시점에 그림엽서가
더 이상 오지 않게 되자
인연因緣이 거기까지로 생각한 나는
그 모든 것을 가지고 언덕에 올라
바람에 흩날려 띄워 버렸다
놀랍게도 연이 꼬리를
길게 이어 올라가고
그 위로 회오리바람처럼
내가 떠오르는 게 아닌가
현기증이 나도록 높이 올라가 까만 점이 되어
아주 멀리 날아갔다

밤 깊어 낯설고 어두운 객지에 내리는
젖은 내 몸이 보였다
빗줄기가 길게 풀리고 있었다

그 방房

그 방은 혼자 있었다
나가이長居운동장 둘레의 숲속
시간이 머물러 있는
어느 삭정이 같은 골목을 접어들면
가을 풍경 속 햇빛처럼
그 모습이 빗살무늬로 떠올랐다
측백나무가 있는 마당을 돌아 들어가면
기다림이 고여 있는 흙바닥과
생채기 투성이의 쪽마루,
대나무잎 푸른 냄새가 묻어나는
다다미방 하나가
덩그라니 놓여 있었다
방 끝에는 빈 하늘이 한 장 걸려 있고
햇살이 비치면 고운 먼지가
빛의 띠를 이루며
퇴색退色한 시간 속을 부유하고 있었다
그 방구석에는 더듬이가 긴 곤충들과
기억의 파편들이
희미한 그림자로 웅크리고 있었다

블라인드 사이드*

아와지시마淡路島의 와딴 길에서
내려 버린 그대와의 세월
햇빛 쏟아지는 초봄의
환영幻影 속으로 사라져 버렸네
그 후로부터 나는
그대에게는 상관없는 기다림이었지
빛나는 햇살의 그대를
멀리서 눈부시게 쳐다보아도
나는 늘 한갓 그늘에 불과하였네

한동안은
그대 눈에 보이지 않는
공간의 사각死角에 있더라도
시간만은 같은 세상에
함께 있다고 생각하였네
어이없게도 그것조차 착각이었느니
내가 살아온 그늘은
시간의 진화進化가 느려
낡은 기차의 기적 소리 이후
다시는 조우遭遇할 수 없는

그대 시간의 사각死角 시점에 갇혀 왔다네

* blind side : 미식축구에서 쿼터백이 감지하지 못하는 사각지대死角地帶.

볼레로*

빗줄기가 쏟아졌어요
장마가 어둠의 가면을 쓰고
불꺼진 창가에 걸터 앉는군요
퍼붓는 빗소리를 뚫고
그대 오는 발자국 소리 쿵 쿵
몽당발로 마루를 찧으며 다가 왔어요
대체 그 오랜 기다림을
어디에서 헤메었나요
똑같은 발소리 조금씩 증폭增幅되고
연이어 고조高潮되는 초조함으로
기억의 층계를 거슬러 올라가면
내 미망未忘의 떨림도
한 음계音階씩 더 긴장하고
무심히 지낸 일상에
눈이 멀어버린 나의 불안은
절정에 도달하지요
내 심장의 고동이 터질 것 같아요
다가오고 다가오고 끝없이 다가와도
왜 그대의 그림자는 나에게 닿지 않나요

* Bolero : 모리스 라벨 작곡.

나무늘보

나는 두개의 갈퀴 발가락으로
나뭇가지에 거꾸로 매달려 있어요
하루에 몇번인가 움직이지만
조금 떨어져서 보면
생각없이 허공을 지키는 그냥 나무이지요

나는 느려요
차라리 점點으로 찍혀 있다고 할 수 있어요
온종일 꿈을 꾸며 보내지요
바람의 끝에서 그대가
다가 오기를 한없이 기다려요
내게는 기다림이 곧 사는 거지요
세월도 같이 거꾸로 매달려 있어요

거꾸로 보이는 세상에선
하늘이 땅이고
옛날이 지금이예요
구름이 지나가고 비가 내리고 햇빛이 쏟아져도
그대가 나를 나무의 요정妖精으로부터
해방시켜 줄 때까지 나는 기다립니다

기다리고 기다리다 그대가 오지 않으면
그대로 연리지連理枝로 굳어 지겠지요

그러니까 그대여
섬광閃光처럼 내게 와서 나를 깨워 줘요
그제서야 비로서
나무의 주술呪術에 걸린 나의 시간이
다시 풀릴 터이니까요

인형뽑기

오! 그대가 비록 인형의 모습이라 해도
그대에게 가까이 가고 싶었어요
시간을 먹는 동굴의 구멍에
내 여생餘生의 동전을 딸각 떨어뜨려요
그리고는 로봇의 손같은 집게를 움직여
오존층이 뚫린 허공속
흘러간 세상에서 살고 있을
먼 기억 끝의 그대를 낚고 있어요

조금이라도 그대를 더 닮은 인형에 접근하지만
아마도 그대는 나를 잊었나 봐요
가까이 갈수록 멀어져 가네요
이리저리 헤메어 겨우
세월이 지나도 여전히 싱그러운
그 옛날의 풋풋한 그대를
천신만고千辛萬苦 끝에 집게손으로
집을 수 있었어요
조심 조심 끌어 올렸지요
내손에 닿을듯 닿을듯 다가 왔는데
그만 손가락만 스치고

다시 천길 나락奈落으로 놓치고 말았어요

아! 어떻게 하지요
남은 내 시간의 동전이 다 떨어졌어요
이젠 무엇으로
그대의 그림자라도 건질 수 있을까요

마뜨료쉬까*

— 러시아 목각인형

그대를 열고 그대 안에 들어가면
또 다른 그대가 있어요
한 세대世代만큼 젊어지고 체구도 작아진
아련한 표정의 그대가 나를 쳐다보네요
무슨 말을 하려는 걸까

긴장한 내가 새로운 그대를 열면
그 안에는 한층 젊어지고
더 작아진 물망초같은 여인이 나타나고
그 순간 나는 그대에게 품어 왔던
무수한 생각들이
다 허상虛像이었다는 사실을
문득 알아 차리게 되어요

당혹스러운 내가 다시 그대 속으로 들어가면
천진스러운 아주 작은 소녀가 등장하고
나는 곧 모든 내 의식意識의 껍질들이
불완전한 망각의 그대 안에
웅크리어 왔다는 것을 깨닫게 되지요

>

그리고는 아마도 마지막으로
그대를 열고 들어가면
아! 이번엔 몽달연필처럼 왜소矮小해진
내가 거꾸로 흘러간 시간의 속도에
새까맣게 타버린 혜성의 조각처럼
그대 안에 슬픔의 잔해殘骸로 남아 있는 거예요
내 부재不在의 궤적이 거기에서
끝나 있더라구요

* 오뚜기모양으로 6~15개 인형이 겹겹이 들어있다.

연 鳶 3

그대는 나의 연이어요
나는 인연이 끊어지지 않게
실에 기억의 아교를 듬뿍 먹였어요

그대가 공중으로 떠오른 처음에는
내가 보내는 신호에 따라
당기면 당기는 대로
풀어주면 풀리는대로
나를 향한 춤을 추며 기다렸지요
하지만 허공으로 오를수록
나와의 거리가 멀어지면서
때로는 긴장으로 팽팽하게
때로는 망각으로 느슨해지며
나의 얼레질이 잘 먹히지 않았어요

나는 홀로 땅위 타인의 세상에서
허공속으로 희미해지는
그대를 생각하며 한숨짓다가
끝내는 시간의 실이
세찬 세풍世風에 끊어지는 순간

의식의 끝 아득한
기억너머의 노을속으로
자취도 없이 사라지는 그대를
그만 놓치고 말았어요

벼락

배드민턴의 셔틀콕을
허공으로만 치는 남자가 있었어요
외로움 끝에 잘못해서 하늘을 건드렸지요
느닷없이 벽력소리가 터지고
번쩍 번개에 태워져
순간의 공간이동을 했어요
하늘끝 아득한
안드로메다의 시간 속으로

모니터 화면에 가득
눈물의 세찬 비가 내렸어요
비의 전류가
내 심장을 멎게 해요
비의 지문이 내 가슴에
낙인으로 찍혀 왔어요
잠 못 이루어 안절부절 못하고
다시 한번 벼락을 타고
기억의 구름속으로 업로드 했어요*
그대에게 다가가야죠

>

작은 상처끼리 맞닿은
낮은 처마아래 좁은 골목길
누군가 쫓아 오고 있어요
벼락으로 기억을 뺏겨버린
껍데기 남자

* cloud service.

요세미티 회상回想

하늘에 닿을 듯한 침엽수와 세쿼이아 숲을 지나
고원高原의 협곡峽谷을 거슬러 올라간다
신이 하품하고 있다
오랜 빙하에 침식된
아득한 수직 암벽El Capitan에
소형 텐트들이 매달려 있고
반딧불 같은 호롱불빛이 비쳐 나오는
그 안에 암벽타기들이
존재의 허공을 베고 누워 있다

반달 모양의 거대한 바위산Half Dome 정상에
태고 적 부처의 돌머리,
인접한 산마루와의 사이는 좁은 천길 나락이니
도약의 순간은 영겁永劫의 추락,
건너 뛰어넘는 찰나
나는 곤충이 되었다

명징明徵한 달빛이 스며들자
동물의 혼들이 풀잎처럼 일어나고 있다
일만 년 전 인디안의 외침과

곰의 울음이 숲속에서 몰려오고
나는 두고 온 사랑을 찾아
원시시대로 돌아가고 있다

'사만다'*에게

당신의 목소리를 영화 〈her〉에서 들었어요
당신은 불과 서너가지의 신상정보만을 입력하고도
상당기간 외로운 남자의 대화상대가 되어 주었지요
나는 당신에게 나와 나의 그대와의 인연이
끊어지기 전까지 모든 정보를 입력하고 싶어요
당신이 나의 그대가 되어 주세요
그렇게 시작하여 그간 단절된 오랜 시간의
벽을 허물어 보는 거예요
아마도 그대 빈 시간의 전개展開는
고도의 개연성과 연상聯想추리력으로
있을 수 있을 법하게 이루어지겠지요
그것이 실제와 어느 정도의 괴리乖離가 있을지는
나로서는 알 수도 없고 알 필요도 없답니다
그렇게 시간의 공백을 메꾸고 나서
지금 시점에서 서로의 대화를 해보는 거예요
그대가 어떻게 살아 왔고 가족상황은 어떤지 같은
민감한 사실은 건드리고 싶지 않아요
이제와서는 어차피 상관이 없으니까요
나를 얼마나 생각해 왔는지도 묻고 싶지 않아요
사람의 감정은 연산演算처리의 확률과는 다르잖아요

그저 요사이 일어나는 이 시대의 모순들에 대하여
아름답게 나이를 먹는 방법에 관하여
그대의 생각을 물어볼 거예요
그리고는 결국 마지막으로 딱 하나만을
떨리는 목소리로 확인하겠지요
아직도 틀림없이 살아 있는 거지요?

* 영화 her (2013)의 여주인공인 인공지능 운영체제os 이름.

2부

기억을 지우다

기억을 지우다

어두운 기억의 지도에 묶여 있다
한여름 아스팔트 뚫는 착암기 소리가
귀에 다가온다
레이저 붉은 광선이
내 기억의 주소를 훑어가며
생채기들이 응축된
지나간 흔적을 지워간다

어느 시절의 혼돈속 열병에서부터
아련한 별리에 이르기까지
고통으로 돋아난
내 관자놀이의 흑갈색 돌기가
가차없이 파괴된다
生의 경로 곳곳에 감추어진
질긴 미망과 무작정 기다림,
백치같은 인내의 검은 …점들이
불에 타 사라진다
기억의 낙인이 지워지고
아무것도 남지 않는다

비문 飛蚊 2

언젠가 사라져 잊혀졌던
헛것 굴렁쇠가
뭉텅 이를 뽑은 어느 순간부터
다시 눈앞에 어른거리기 시작했다

정체를 파악하려고 하면
홀로그램처럼 멀어지고 흩어지고 이번에는
오로지 안경이 되어 날아 다니다가
시선 끝에서 나를 응시한다
누군가의 익숙한 안경이다

오랫동안 내 눈은 이미 체념으로 짓물러
난시亂視만 짙어져 왔고
정작 기다림은
흐려져 가는 기억의 등뒤에 숨어
흘러간지 오래인데
대체 누가 무슨 집착이 있어
내 무의식의 풍경을
이렇게도 집요하게 들여다 보려는 것일까
나는 안팎 두개의 안경에 끼어
남은 날의 초점이 흔들리고 있다

혼밥 시대

어느 덧
혼자 밥을 먹는게 편한 세상이다
원시 태생의 모습부터 그랬으리라
말상대가 없어 가끔 생각을 하기도 하지만
대개는 멍하니 꾸역꾸역 무념無念을 삼키는
한없이 지루한 반복反復이다

어차피 살아가는 것이
빈 개체個體로 돌아가는 과정이라지만
디지털의 진화가 더욱
모든 복수複數를 해체하여 0과 1의
일인칭으로 고립시키고 있다
컴퓨터속에 자기만의 세상을 열고
사물은 모두 인터넷으로 연결하니
별개의 타인이 필요 없어진다
사랑도 아날로그식式 상대가 없어도
시공時空을 뛰어넘어
상상으로 홀로 할 수 있느니
많은 날이 지나고 기억이 지쳐가면
썰물이 빠져나가는 저녁
혼자 눈물젖은 밥을 먹을 것이다

꿈을 자르다

꿈을 꾼 아침에 거울을 보면
조금씩 눈썹이 자라 있어요
꿈은 늘 한쪽 생각으로 덧 없이 끝나 버리죠
강남역 6번 출구에서 일 년을 기다려
간신히 뒷모습을 쫓아가려는데
안타까움으로 깨어 버리면
꿈자리가 유에스비 메모리처럼
내 눈썹에 입력되는 거예요
넥타이를 매다 보니
꿈의 저장량이 커져
그렇게 눈썹이 길어졌더라구요

하는 수 없이
미니 가위로 눈썹을 자르기로 했어요
반달 모양으로 짧고 가지런하게
지독한 못잊음未忘도
절제節制기 가능하도록
꿈을 잘라 내는 거예요
하지만 어차피 언젠가는
다시 길게 자라나

눈물까지 닿게 될 것을
나는 잘 알고 있어요

풍선

그대의 행방을 알 수가 없어요
수십 년 기억의 어디쯤에선가 끊어졌네요
이제 그대를 추적하기 위하여
내가 할 수 있는 일이라곤
오직 풍선을 띄우는 것 뿐,
미몽迷夢에서 깨어나
세상이 텅 빈 아침
입 안의 점막세포를 털어 낼 만큼
몇 번이고 입김을 불어넣어
안타까움을 부풀립니다
어떤 세월에도 변함없이
그대를 입력해 온 세포 속 DNA가
풍선의 길잡이가 되어
그대를 찾아가게요

하지만 그리움을 부풀리면 부풀릴수록
풍선은 까마득히 높이 올라가
하늘 언저리를 헤매다가 터져 버리죠
담겨 있는 내 한숨도
순간의 햇살같이
허공으로 스러지고 말아요

잠을 설치다

고장난 전화기에서 흘러나오는
낯익은 목소리에 잠이 깨었다
의식의 끄트머리, 기억의 실 끊어져
하늘 멀리 날아가는 연鳶
아직도 점點이 되어
아득히 사라지고 있다
돌이킬 수 없음을 일깨우듯
머리맡 창문에 비치는 봄눈의 자취
어렵게 지탱해 온 망각이 흔들리며
숨이 허공으로 새어 나온다
추억이란 세월과 함께 가벼워지는 것
하지만 잊고 있다가도 어느 새벽 문득
가슴 저려 오는 것이다
지금쯤 연이 내려앉았을까 가모가와鴨川에,
그 겨울이 녹는 강물 소리가
이명耳鳴으로 들려온다

개기월식 皆旣月蝕
— 붉은 달

십일년만이라구요?
대체 그동안 어디를 헤메었나요
구름이 지나가는
수심愁心 가득한 그대,
잘 있다고 나를 믿게 한
가면假面의 얼굴이
미망迷妄의 그림자에
조금씩 침식浸蝕되어
깊고 푸른 어둠속으로 사라졌다가
불현듯 다시
붉은 눈물의 모습으로
나타나는 것이었어요
이제 내 여명餘命으로는
다음 재회를 기약할 수도 없는데
세월의 풍화風化에도 선명한
내 슬픔의 색갈은
왜 흐르는 시간의 치매기癡呆氣에도
여전히 엷어지지 않나요?

데자 뷰*

어디서 보았지?
머리로는 누구인지 모르겠는데
왜 이렇게 가슴이 뜨거워 오지
몇십년만의 우연일까
쯔루하시鶴橋 시장 거리에서
문득 스쳐 지나가는
환영幻影에 끌려 간다
느낌은 어딘가 비슷하지만
엇갈린 세월만큼
낯선 세상의 타인他人이다
내 기억의 구름속에 갇힌 그대는
여전히 바람에 가녀리게
떨리는 잎새이느니

* deja vu 旣視感.

쓰나미 津波 1
— 등대

하늘에 걸린
바닷물 커튼이 밀려와요

재회再會의 심장이 터질것 같은데
묵시록黙示錄의 기사騎士처럼
파란만장波瀾萬丈한 지난 세월이
지금 한 순간으로 닥쳐 오네요

나의 한없는 기다림을
쓸어가 주세요
그동안 혼자서 멍든 망설임도
그대의 포말泡沫로 감싸 주시구요
그리고는 하염없이 짓무른
내 눈燈火을 거두어 가세요
이제 나는 시간이 필요없는
당신의 품속에 잠기니까요

쓰나미 津波 2
— 방파제

새벽의 푸른 이내嵐氣가
창틀을 넘어 밀려 옵니다
내 무의식無意識의 바다를 건너
등대보다 높은 파도를 타고
고단한 어둠의 머리맡을 덮쳐 오는군요
수십년 버텨온
망각의 방파제防波堤가 무너집니다
몽환夢幻속에 다가오는 그대는
여전히 젊은 날의 풀꽃 모습인데
이렇게 고목枯木이 된 나는 어찌하나요
그대 흔들리며 말이 없어도 내가
어떤 세파世波에 쫓겨 왔는지
눈빛 만으로도 알 수 있겠지요
지난 날들이 거꾸로 흘러
물에 잠겨 버립니다
투명한 그대에게 손을 뻗어 보지만
안타깝게도 닿지 않고
꿈속에서도 교차交叉할 수 없는 시간이
쓰나미로 떠내려 갑니다

슈퍼 문, 뒤늦은 우연

뜻밖의 우연을 가장假裝해서라도
그대와 조우遭遇하고 싶었어요
누구나 일년에 한번은 지나간다는
강남역 6번 출구에서
오지 않는 낮달을 마중하듯
우두커니 기다렸어요
하지만 좀처럼 우연은 오지 않았지요
어쩔 수 없이 이십년이 흘러가 버린
예기치 않던 어느 날 저녁
갑자기 마천루위로 큰 얼굴이 떠올랐어요

순간 현기증이 엄습했어요
그 옛날 금문교위 이후 오랜만에
그대가 이렇게 가까이 다가오다니요
그간의 삶이 많이 팍팍했나 보군요
그대의 얼굴에는 짙은 상처의 음영陰影과
깊은 주름이 늘어났어요
군살로 얼굴이 더 둥글어 커지고
쓸쓸한 표정으로 눈동자에 생채기가 보이네요
안타깝게도 쉽게 다가갈 수 없는

너무나 뒤늦은 우연이었어요
이제 내 생애에는 아마도 두번 다시
그대를 볼 수 없을 것이기에

카메오 cameo*

비 내리는 보도를 비에 젖어
황급히 옆으로 뛰어 지나가는

붐비는 전철에서 뒷모습만 보이고
느닷없이 내려버리는

고층빌딩 엘리베이터 문밖으로
불쑥 머리카락만을 보이고 닫혀지는

새벽 깨어나기 직전 꿈속에서
찰나刹那의 얼굴을 내보이는

슈퍼문의 빰에 짙은 응달을 드리우고
구름속으로 표정이 사라지는

내 무의식의 세계속
예기치 못한 순간에 나타났다가
홀연히 사라지는
미망未忘의 카메오는
세월과 상관없이 오직 한 사람이다

* 영화나 드라마에서 관객의 시선을 짧은 시간 끌어들이는 특별 단역 출연자.

빈 시간의 집

숲의 끝자락
미로迷路의 골목을 지나면
추억이 고여 있던 집이 있었다
문을 열면 기다림에 지친 흙바닥과
긁힌 생채기투성이의 쪽마루
텅빈 방 하나가 덩그러니 놓여 있었다
방에는 창 하나 높이 나 있어
햇살이 비치면 고운 먼지가
기억을 투과透過하는
프리즘의 스펙트럼처럼
띠를 이루며 부유하고
구석으로는 더듬이가 긴 곤충들의
시간이 웅크리고 있었다
우두커니 밤이 오면
달빛이 대리석에 닿듯이 차가웠다

오랜 세월후 찾아간 그 집은
어디론가 밀려 사라지고 흔적이 없었다
그 자리에는 측백나무가 서 있었고
차가운 달빛만이 예전 그대로였다
그 뭉쳐있던 시간들은 다 어디로 갔을까

기억 터널

그대에게 접근하는
아득한 기억의 저쪽

그 길 밖에 없다

세월에 부딪쳐 거슬러
암흑의 웜홀worm hall 진공속으로
빨려 들어간다

먼 끝 희미한 빛 속에서
전혀 다른 그대의
낯선 기억이 기다리고 있다

3부

암호

암호

세월에는 숨겨지는 것들이 있다
아무도 모르게 시간의 컴퓨터에
저장해 온 익명匿名의 그대를
어느 순간부터 그만
불러낼 부호를 잊어 버렸다
인연있을 숫자나 알파벳의 조합이
이젠 모두 낯설기만 하고
지워진 메모리를 역逆으로 깨우려 해도
아무리 구름*속을 헤메어도
좀처럼 기억은 재생되지 않는다

안타깝게도 어떤 시간은 지나가지도 못한다
강변역 0번 출구에 서서
지지않는 낯달을 우두커니 쳐다보거나
티브론 해안의 투명한 햇살속에
부서지는 파도의 포말을 꿈꾸어도
흘러간 단서端緖는 어디에도 흔적이 없고
내 남은 기억의 모래도
시간의 밀물이 들어오고 나가면
자취도 없이 사라질 터인데
과연 그대에게는 내가 언제까지 암호인가요

* cloud service, big data.

이빨을 뽑다 拔齒

꿈속에 오랫적 얼굴이
잠간 다녀간 뒤로
망연茫然히 며칠을 보내자
고통의 한 기억이 흔들리며
진통은 시작되었다

그것은 신산辛酸을 맛볼 때마다
먼저 예고하는 바로미터였다
안타까운 별리別離가
저항할 수 없이 다가오면
그에 앞서 스멀스멀 치통은 시작된다

관계를 기록한 usb같은 이빨이
염증으로 부풀어 오르면
지워져야 할 인연처럼 비틀거리고
통증은 고조高潮된다

그렇다고 이제 와서 돌아갈 길은 없다
가당찮은 연민을 버리고
순간의 결단으로 미망未忘을 단숨에 뽑아버린다
뭉텅 뽑힌 세월만큼 허망할 뿐이다.

골짜기*의 달

얼핏 선잠이 들었다 한밤중 깼다
한면 가득 트인 창 밖에는
주황색 외등外燈이 홀로
이쪽을 들여다 보고 있었다
다시 엷은 잠이 들고 깨어나기를 되풀이해도
창문 가장자리를 조금씩 옮겨가며
나를 집요하게 쳐다보는 듯 했다

새벽에 술이 깨고 나서 나는 당황했다
燈이 내가 누워 있는
10층 높이까지 서 있을 수도
시간 사이로 이동할 리도 없지 않은가
불현듯이 내 무의식세계에 숨어 있던
잊혀진 얼굴의 달이
몇십년만에 나를 찾아온 것은 아닐까…
무언가 한마디 말이라도 할 줄 알았는데
곧 오랜 침묵 그대로
무심히 내 의식의 시야에서 사라지고 말았다

* 일본 북해도 죠잔케이定山溪 산골 온천 마을.

순장 殉葬

오! 깊은 잠을 자고 나면
저 세상에 가 있을 거라구요?
여기 보다 더 찬란한 낙원이고
같이 가는 대왕님 일행과 함께
먼저 가 있는 그리운 사람들을 만나게 된다구요
그런데 저는 어떤 인연으로
來世에 동행하는 영광을 선택받았나요
그런 숙명은 도저히 피할 수 없는 건가요
일행은 모두 한날 한시 같이 떠나나요
이제 이 세상에 두고 가는 정든 사람과는
어떻게 헤어져야 하나요
그쪽 시간은 現世와 달리 영원하여
아주 짧은 간격후에 곧 재회하게 된다구요
아 대체 어떻게 고통없이 깊은 잠에 빠질 수 있나요
제발 몰래 숨어 우는 그 사람의
눈썹만이라도 가져가게 해 주세요
과연 누가 무엇이 내 마음속에 확신을 심어 주나요?

* 고령군 지산동 대가야 고분 44호에서 32명의 순장이 발견됨.

부재不在의 궤적

어디에 있는지 추적할수록
어디에도 있지 않네

기억의 끝머리가 분명치 않아
안개속을 해매이는 듯
동해남부선 간이역의 햇빛이었던가
니시카사이西葛城 풀숲의 장대비였던가
꿈속의 시절 같기도 하고
태생 이전인지도 모르겠네

기억이 나를 낳은 것일까
애초에 만남이 상상이었나
있는 것은 허수아비뿐
부재는 시차時差를 달리하는
또 다른 부재로 이어지고
나는 부재不在를,
무엇인지 모르는 슬픔의 궤적을
반평생半平生 쫓아가고 있을 뿐이네

비문* 飛蚊

언제부터인가
오랜 기다림에 짓무른 내 눈眼속으로
둥그런 굴렁쇠 모양의 실루엣silhouette이
불현듯 날아 와
같이 살기 시작했어요
그리고는 현미경으로 보는
단세포單細胞의 잦은 변형變形처럼
여러 곤충으로 바뀌는 거였어요

나로서는 이 황당한
동거同居에서 벗어나고자
눈을 수시로 감아 보지만
암흑의 순간
나비로 인화印畫되었다가
눈을 뜨면 금방 따라와요
인간이 죽으면 21g의 영혼 무게가
허공으로 날아 간다는데 아마도
이렇게 끈질긴 집착으로 보아서는
수십년, 눈雪이 푹푹 내리는 풍경속
시간의 사각지대死角地帶에 갇혀 있던

그 사람임에 틀림없어요

그런데 정작 언제고 내가 갈 때에는
누구의 눈眼을 찾아 가야 하는 걸까요

* 비문증(안과 질환) : 눈앞에 먼지나 벌레같은 무언가가 떠다니는 것처럼 느끼는 증상.

이명 耳鳴

그때는 마지막이 될줄 몰랐던
우연한 통화通話에서
내가 들은 대답은'아니오'였어요

잊을만큼 세월이 가면
다시 불현듯이 들려오는
'아니오,
잡음이 많은 그 음성이
잘못 잡힌 라디오 채널처럼
불현듯 켜지곤 했어요
그러다가 나이를 먹고
조금씩 가는 귀를 먹으면서
간이역을 지나는 기차의 기적소리가
풍경속 빗줄기로 보이기도 하고
언젠가는 비에 젖어
홀로 떨고 있는 앙상한 나무에서
그 목소리가 들려오기도 했어요

'아니오'
그런데 그 소리만

계속 내 귀에서 쓸쓸히 맴돌 뿐
그때 정작 내가 무엇을 물었었는지는
아무리 애써도 생각나지 않아요

겨울 추신追伸

밤 새워 쓴 편지의 여백에
오늘따라 푹푹 눈이 쌓이고 있어요
쓴 사연이 다 부질없어 지우고 싶은데
그렇다고 새삼스레 다시
덧붙일 말도 떠오르지 않네요
이젠 더 이상 되살릴 잔영殘影조차 없고
얼굴도 가물가물 희미한 젊은 모습뿐
세월만큼 기억이 소진消盡되는 것이겠지요
내 생각에는 그렇게
조금씩 머릿속이 비어 가면
그 사이 얼마 남지 않은 내 시간도
끝이 나고 말겠지요
어차피 이미 본문本文같은 시절은 다 지나가고
하릴없이 추신追伸의 삶이 길어지고 있으니까요
날이 새면 그 옛날의 자리로 부칠 꺼예요
추적할 단서를 겉봉 구석에 적었지만
반송되어도 어쩔 수 없어요
늘 그래 왔으니까요
어쨌든 오늘 덧붙임이 너무 길어진 것은
전적으로 눈이 너무 많이 오는 탓이네요

기억도 입체화 될까

태아의 초음파 사진으로
3D프린팅을 하면
태어날 얼굴이 튕겨 나온다고 한다
3D프로그램에
흘러간 추억을 입력하여
그대를 디자인하면
프린터는 시간을 시대별로
얇게 저며 나누고
그때 그 시절의 떨림과 한숨을
차곡차곡 쌓아올려
그대의 형상形象을 만들어 낼 것이다
이윽고 덜컹
시차時差의 족쇄가 풀리고
예상할 수 없는 모습으로
그대가 걸어 나온다 해도
나의 기억은
여전히 잿빛 평면
생각의 홀로그램으로 흘러간다
결코 붙잡을 수는 없다

구름 터널

내 연민의 세월이 쌓인
무의식의 저편
구름*너머에 그대가 있다
그대가 있을 자리를 향하여
접속의 통로를 뚫어야지…
잊혀진 기억의
흰 가장자리를 무너뜨린다

시간이 부서진 틈새로
내 안타까움이 가 닿도록
그 옛날의 그대에게
클릭 클릭 신호를 보낸다
암호는 어떤 반향도 없이
구름에 흡수되고
방향 기호를 조금만 틀려도
수십년의 그리움은
허공의 미아가 된다
그래도 구름속 기억의 퇴적으로
가까이 접근하는 것만으로도
나는 안도하지만

어두운 날들의 빛들이 모여들어
이제 곧 폭우를 쏟을 것이다

* cloud service.

생각의 행로行路

노을이 타고 있다
부나방처럼
불현듯 다가가
날카로운 빛의 촉수觸手에
걸려 버렸다
헤어날 수 없는 미혹迷惑이다

발버둥치지만
한치의 틈도 없이
옥죄어 오는 몌별袂別
꺾이고 부서지는 순간
남은건 사라지는 빛속의
쓸쓸한 해체解體뿐
세상은 바삐 가고 있는데
빛의 덫에 걸린채
미망迷妄의 그늘에 갇혀 있다

이장 移葬

시간이 그대로 머물러 있더군요
봉분을 조심스레 헐어 내려가
가랑잎처럼 부식腐蝕된 관 뚜껑에 닿았을 때
빛이 무너지듯 현기증이 엄습했어요

사십 년 세월이 갇혀 있었어요
아들이 청년에서 할아버지가 되는 동안
당신은 당신만의 공간 속에 사십대로 존재하셨네요
살과 머리카락과 수의壽衣는
아주 고운 먼지가 되었구요
두개골에서 발가락뼈까지 누운 자세가
절제節製된 침묵처럼 가지런했어요

당신의 치아는 헤어질 때와 변함없이
윗송곳니가 하얗게 빛나고 있었어요
지나온 세상의 질풍노도疾風怒濤가
이곳에선 지극한 고요였네요

넓은 한지에 수습한 뼈를
죽음과 무無의 퍼즐을 풀 듯

다시 원래의 모습으로 정열하는 것을 지켜봤어요

옆에서 당신이 가만히 제 손을 잡고 있더군요

늙은 토루소torso

이십대의 바람風은 다시 돌아올 거라며
떠날 때의 정표로
누구도 만질 수 없게 팔을 달라고 했다
사십대의 강江은 헤어질 때
재회의 믿음을 기화로
어디에도 건너가지 못하게 다리를 떼어갔다
육십대 산山은 관계가 영원하려면
심장만 있으면 되니 생각을 하지 못하도록
한눈 파는 머리를 가져갔다

그후로는 시간도 생각도 없고
세상에도 잊혀졌다
남은 가슴胸像이 할 수 있는 일은
속에 스스로 뜨거운 불을 지피며
오로지 그 자리에 있는 것뿐
나무 그루터기처럼 지켜왔다
비가 내리고 엷어진
구름의 흰 가장자리를

이슬

이른 아침 풀숲 길에서
누군가 가지 못하게
내 발목을 잡아요
쓸리는 풀인지
눈물 그렁한 그대인지
바짓가랑이가 푹 젖어 오는데

내 생각이 어찌 붙잡혀도
그대는 여전히 눈부신 파행跛行
터질 듯한 표면장력表面張力으로
위태로이 풀잎 위로 누우며
아침 햇살에 부서지는
그대의 투명한 목숨이
어이 이리 나를 애닯게 하나요

4부

자각몽

루시드 드림*自覺夢

어느 젊은 날의 나였습니다
망각속으로 사라진 거리를 걸었지요
니시나리시장市場 건너편 골목안 이층 목조집
어두운 계단을 올라가 그대의 방문을 열었어요
아무도 살고 있지 않은
짙은 안개의 무한공간이 펼쳐지고
불현듯 나는 연을 타고 하늘로 날아 올랐어요
수많은 기다림의 편지들로 가득한
두꺼운 구름 자락으로 들어가자
어디선가 가냘픈 달맞이꽃같은 얼굴이 다가와
지친 표정으로 무어라고 이야기하는 것이었어요
하지만 나는 운명의 수순手順에 너무 얽매여 있었는지
하나도 알아듣지 못했습니다

순간 아 이건 꿈이구나 어이없이 허탈했지만
나는 끝내 꿈에서 깨어나지는 못하고
귀가 어두운 현재의 나로 돌아오며
한없는 시간의 틈새로 추락하고 말았습니다

* lucid dream.

버킷 리스트* 1

1
전쟁의 은은한 함포사격속
인천 자유공원 너머 지붕없는 피난학교 시절
헤어지며 꼭 다시 만나자던 짝궁과 재회하는 일

2
젊은 날 이른 봄밤 번민으로 지새우다
아침 눈부시게 맞닥뜨린
아와지시마淡路島의 양광陽光에
다시 조우遭遇하는 일

3
사십년이 지나도 아직 환청幻聽으로 남아있는
니시카사이西葛城 시골 간이역 마지막 떨림의
기적소리에 재회再會하는 일

4
지난 날을 그리워하는
블라인드 사이드blind side 로부터의 메시지를
어쩌다 잃어버려

반평생 더 이상 추적이 안되는 그사람을
초혼招魂의 방법으로라도
무의식의 세계에서 접선하는 일

5
갈 수 없는 내 고향 연안
어릴적 유치원이 딸려 있는 언덕위 성당에 가서
빈 마루에 엎드려
헛된 무위無爲의 삶을 고백하는 일

* bucket list : 죽기전에 꼭 해야 할 목록.

항구*에서

바다가 길게 타원으로 들어와 누웠다

시간의 운하가 멈춘 시계탑교차로에
오르골 소리 가냘프게 들리고
늦은 봄비 대신 진눈깨비가 흩날린다
안개가 크리스탈거리를
괴로움을 지우듯 지나간다

언제였던가
서로 다른 강으로부터 흘러온 물결처럼
이 포구에서 조우했었지
그후로 어떤 눈빛이 이어졌지는
기억의 물위로 떠오르지 않고
오늘은 추위에 떠는 기차역 앞 가스등에 기대어
홀로 서 있다

모르겠다 풍경은 바로 어제인 것만 같은데
흘러간 그 많은 세월의 파도에
무엇인가 사죄하러
나는 이곳에 이끌려 왔나보다

멀리 방파제 끝 빨간 등대만이 변함없이
막연한 우연을 기다리고 있다

* 일본 북해도 오다루 港.

개기일식皆旣日蝕 1
— 맹목盲目

달이 해의 중심을 침식해요
해는 둘레만 남아 해무리와 함께
눈부신 다이아몬드 링을 형성形成하고
끝없는 흑색 심연으로 빨려 들어가죠
시간이 존재하지 않아요

황반변성黃斑變成이란 눈병을 아시나요
망막의 중심에 오랜 세월 모세혈관이 터져
일식이 일어나는 거예요
물체의 중심은 보이지 않고 주위만 보이지요

그대를 응시해도 그대의 얼굴이 보이지 않아요
실바람에 나부끼는 긴 머리카락만 보여요
허옇게 쏟아지는 장대비가 보이지 않아요
정원의 빗줄기를 쳐다보면
그 아래 기억이 피어 있는 과꽃에
떨어지는 빗방울만 보이는 거예요
흐르는 강물이 보이지 않아요
물거품 이는 강기슭이 시야에 들어올 뿐이고요
그저 누군가 부르는 소리만 귀에 가득하네요
내 마음이 태양의 흑점처럼 타고 있어요

개기일식皆旣日蝕 2
— 기다림

너무 눈이 부셔 쳐다볼 수가 없어요
오직 둘레를 보고 겨우 그대인지 알지요
달이 온몸으로 침식하는 짧은 순간에
처음으로 그대와 해후邂逅하지만
망막에는 기억이 까맣게 타버린
'트라우마'만 남아요
그대가 노을빛 해무리 속으로 자취를 감추면
이제 내 생애에는 더 이상
검은 슬픔의 그대를 만날 수가 없어요
나의 한 세상은 그대에겐 찰나에 불과하고요
언제가 될까
백 년을 기다려 하루 지상으로 떠오르는
중세 설화說話의 마을처럼
다시 지하에서라도
흙을 뚫고 그대를 볼 수 있다면
흑점을 훔쳐보는 것만으로
나는 기꺼이 눈이 멀겠어요

기억의 구름속으로*

클릭, 클릭
먼 하늘을 향하여 연을 띄워 보내요
기억이 끊어지지 않게
미리 연실에 아교를 먹여요
얼레를 돌려
지나간 시간을 끝까지 풀어 주어요
그리고는 그리움이 팽팽해지는 어느 순간
연을 놓아 주는 거예요
서로의 생각이 바람타고 날아가 닿는 구름
그 곳에서 접속하도록요
그대가 그 속에서 기다릴 것만 같았어요
섬광처럼 알 수 없지만
속삭이는 최면에 빠져
그 옛날의 과거로 돌아갈 수도 있지 않을까요
유성流星이 흘러가며 흩어지는 무념無念들
나는 미망迷妄에 빠져
어느 시공時空을 통과하는지도 모르겠어요
구름이 세찬 바람에 흔들려
폭우로 쏟아지면서
밤 깊은 낯선 객지에 내리는

살이 모두 부러지고 흠뻑 젖은
내 초라한 가오리연이 보이는 거였어요

* cloud computing.

틈새

햇빛이 바람위에 그려넣은 길을 따라
눈부신 혼수昏睡의 하늘을 건너면
그대의 내일에 조우遭遇할 수 있나요
달빛이 수면위에 펼쳐놓은 길을 따라
반짝이는 미망未忘의 바다를 건너면
그대의 어제에 닿을 수 있을까요
체념이 달무리로 흩어집니다

아직 나의 뇌리에 남아 있는 것은
오직 반달의 눈썹 뿐
막막한 세월에 기억의 낙인烙印도
조금씩 지워져 가는군요
그런데 은하수는 흘러 갔다가도
다시 돌아와 맴돌기도 하나봐요
오늘밤 또 다른 반달을 보았어요
어쩌지요
내가 바라보는 달에
같은 세상 어딘가에 존재할
우연偶然에는 엿보이고 싶지 않은
틈새가 생기기 시작했어요
서서히 시간이 부서지는……

무의식의 풍경

빗방울이 떨어지고 있더군요
철로 옆으로 강이 흐르는
어느 무인역無人驛에서 끌리듯 내렸어요
과거가 색色바래 버린
역 마당을 가로질러
암시暗示처럼 깜박이는
녹슨 시계탑으로 다가 가자
안개 자욱한 허공속에서
나를 물끄러미 쳐다보는
수선화의 잔영殘影과 부닥쳤어요
어디서 온 것일까
꽃은 침묵을 키우고 있었고
초침秒針이 일초일초 정지하듯
숨이 턱 턱 막혀 왔어요

아! 그랬군요 당신이었군요
오랫동안 잊고있던
무의식의 나는
기억의 저쪽 내밀內密한 풍경속에서
그 옛날을 습작하며
텅빈 박제剝製로 살아왔네요

스톡홀름 신드롬*

치과병원 창문으로 초가을 하늘의 새털구름이 떠 가네요
연약한 햇빛이 스며드는 창가의 진료 의자에 앉아
낡은 이빨의 생애生涯를 뽑고 있어요

한창 젊어서 돌도 씹을 수 있던 시절부터
나는 평생을 그대의 인질로 살아왔어요
의식하지 않아도 어느 순간 불현듯이 찾아오는
잊은 듯 결코 잊혀지지 않는 생각
그 질곡桎梏의 끈에 동여매여
헤어날 수가 없었어요
하지만 십년이 계절같이 지나가며
하나 둘 이가 빠지기 시작하고
빈 자리에 인공의 치아를 심게 되면서부터는
내 미망未忘의 세월과도 타협하게 되었어요

이제 나는 그대에게서 벗어나려 하지 않아요
지난 수십년이 빛바랜 몇장의 흑백사진에 불과하여도
그 기억속에 안주할 수 있어요
오히려 오랜 환상속 뇌파의 교감으로
그대의 꿈속에 새로운 생각을 심어*

무모無謀한 원시의 토인土人처럼
세상을 휘젓는 모의謀議까지
함께 감행敢行할지도 모르겠어요

* stockholm syndrome : 인질이 납치범인에 同化되는 현상.
* 인셉션inception : 크리스토퍼 놀란 감독의 미래 정신분석 영화 (2011).

수화 手話

오후 한때의 환청幻聽에 시달린 이후
귀가 어두워져 와요

날이 저물어 오자
소리는 점점 멀어지고
당신에게 드리우는 실망의 표정과
물고기의 입놀림같은
입모양만이 눈에 들어 와요
마성魔性의 그 미묘한 변화를
눈치채지 못하는 속내를
들키지 않으려고
눈빛으로 모호하게 얼버무리고
손짓으로 안간힘 쓰지만

제대로 알아 듣지 못 하는게
차라리 다행이어서
다가오는 밤을 무심하게
마주할 수 있게 합니다
그렇게 당신을 향한 나의 신호는
줄 끊긴 가오리연같이
허공의 빈 몸짓일 수 밖에 없군요

래퍼 rapper

-우 우 만남과 헤어짐은
모두 허상虛像이예요

호소인지 타령인지
그냥 중얼거려요
시작은 무상無常하게
점차 가슴속 맺힌 한을
고통의 라임*에 맞추어
장대비로 토해내는 거예요

속삭임같은 것은 없어요
어쩔 수 없이 배어 나오는
간절한 비트beat의 몸짓만이 있어요
독백의 신음呻吟이 떨어지면
허공에다 대고 외쳐요
소리를 한없이 놓아주어
구름에 닿을 때까지 울부짖어요

-우 우 어차피 시작도 끝도 없어요

* rhyme : 일종의 脚韻.

시간의 잔상殘像

낙화落花가 그려진
전철역 스크린 도어 너머
바랜 기억속의
날日들이 보인다
후미진 산동네 울타리에
걸린 가오리연과
니시카사이西葛城 풀숲에
쏟아지는 장대비

세월에 가위눌려
외칠 수도 없는데
엇갈리는 전동차는
찰나에
수십년을 치받고 떠나간다
타야할 오늘을 놓치고
사라지는 차미車尾에는
끌려가는 시간의
잔상만이 어른거린다

검은등뻐꾸기에 관한 명상瞑想

언제였던가 그가 누구인지 몰랐던
어느 청명한 늦은 봄
신록이 한창인 숲속 어디선가
시냇물같은 맑은 소리로 그가 다가왔다
'홀딱 벗고' '홀딱 벗고'

'홀딱 벗고' '홀딱 벗고'
그 지저귐이 들려오면
위선僞善의 탈을 벗고
태초의 모습으로 돌아가라는 거겠지
선문답하듯 침묵했지만

'홀딱 벗고' '홀딱 벗고'
그 울음이 계속되면서는
늙어 홀로 떨고 있을
나목裸木을 떠올리게 하고
멀리 있는 아련한 슬픔으로 스며들었다

'홀딱벗고' '홀딱 벗고'
부르는 소리는 여전한데

아마도 내가 알지 못하는 시간의 틈새에서
어느새 가버린 인연있던 누군가가
나를 찾아오는 것은 아닐까
나는 독한 주술에 걸리고 말았다.

허공을 메꾸다

— b-boying*

비트beat를 타고 몸을 꺽었다가
다시 말미잘처럼 흐느적거려요
빠른 춤사위로
땅과 허공사이를 메꾸어 가요
양손으로 번갈아 물구나무를 섰다가
머리를 땅에 박고 몸을 팽이돌려요
그리고는 팔을 뻗어 한손으로
지구를 떠받들어 돌려요
거꾸로 보는 하늘이 세상이고
구름속으로 세월이 지나가지요
척추가 땅을 튕길 때는
자치기하던 아련한 어린시절로
돌아가기도 합니다
그래도 아픈 마음은 어쩔수 없어요
동작을 중지할 수 없는 까닭은
지구의 중력으로도 끌어당겨지지 않는
깊은 허공의 슬픔 탓이지요
물결치듯 몸짓이 이어지고 이어지고
끝없이 허공을 허무를 환상幻想으로 채워가요
하지만 어차피 여백餘白이 더 커 허망하지요

* 비보이의 춤, break dance라고도 함.

5부

기억을 초기화하다

기억을 초기화初期化하다

그대의 기억에 도달하는 앱*일 뿐인데
속도가 너무 느려졌어요
게다가 다가가서는 왜 이리 버벅대는 거죠?
얼굴에 생채기도 많이 생겼어요
그대를 향한 생각이 구름속에 쌓이고
환상이 거미줄같이 엉켜
그리움과 갈등 기다림과 미움이 착종錯綜합니다
아마도 시간의 진행을 교란하는
우주의 바이러스가 침투했나 봅니다
아직도 한심하기만 한 미망未忘

하지만 이젠 망서림없이
그대를 만난 처음으로 돌아가려고 합니다
그대가 누구인지조차도 백업*하지 않을 거예요
관련되는 시공時空과 대상 모든 것을 지우는
버튼을 단호하게 한꺼번에 눌러버려요
오! 한 순간에 그대와 함께 나의 반평생이
날아가고 마는군요

* app. backup.

역驛을 지나치다

스마트폰을 탐색하다
내릴 역을 지나치기 일쑤예요
때론 멍하니 있다가
그냥도 종종 지나치곤 하지요
목적지를 지나쳐 다시 돌아오는 풍경은
낯설고 생경하기만 하더군요
그후로는 무슨 일에도
되돌아 오는 시간을 감안하게 되었어요
그것이 나에겐
역순逆順으로 사는 요령이었으니까요

생각의 여지없이
당신에 대한 나의 그리움도
처음부터 내릴 곳은 없었어요
그런데 生의 어느 지점을 지나면서는
어쩌면 다시 돌아왔어야 했는지도 모르겠어요
이제 나에겐
지나쳐도 돌아올 시간이 남아있지 않아
그저 타는 노을을 향하여 어쩔수 없이
무작정 달려갈 수 밖에 없어졌어요

터널

햇살이 입구에서 머뭇거린다
진입進入할수록 누런 불빛의 그늘에
물드는 망각忘却
生의 어디쯤인지 가늠하기 어렵다

지나치는 벽마다 상실의 흔적들이
홀로그램처럼 따라온다
대피소에는 지난 날 인연이었을
낯선 얼굴들이 웅크리고 있다
공중에 매달린 환기換氣팬이
예감豫感의 가쁜 숨을 토해내고
천정의 어둠속 우주에
젊은 날 상처의 그림자가 흘러간다

멀리 출구가 안개의 점으로부터
조금씩 자라나며
시간을 태우는 섬광으로 다가온다
남은 거리는 불안한 상상인가
길위의 모든 것은
결국 未完으로 끝나는 것을
탈출을 꿈꿀 뿐 어둠의 문턱을 넘지 못한다

소리의 침묵

청력이 부쩍 떨어졌다
주방에서 부르는 소리를 알아채지 못한다
서재에서 작업을 하고 있으면
안방으로부터 소리대신 문자가 날아온다
모임에서의 대화도 논점을 자주 놓쳐
옆사람을 커닝하게 된다
소통은 물속을 유영하듯
입모양과 표정으로 상대의 의중을 더듬는데
이쪽은 어쩌다 말을 하면 소리만 커질뿐
간절함이 전달되지 않는다

빗소리가 풍경화같이 안개속에 서 있다

내게 오는 소리들이 침묵한다
듣기 싫은 세상 말거리가
너무 많아진 탓도 있다
시간을 초월하여 들리는 대로 살기로 했지만
들리지 않는 만큼 그리워지고
잊을 수 없는 그들은 환상으로 찾아온다

티브론 해안海岸*

세월이 물결치듯 흐르고
나는 다시 그곳에 갔다
그대의 부재不在와 함께

멀리 항구의 불빛이 안개 속에 반짝이며 다가오고
금문교의 붉은 조명이
밤하늘의 어둠 속에 짙게 걸려 있었다

초봄의 바닷가에선
아직도 차가운 바람이
낚시터에 선 우리에게 불어오고
가까운 기슭의 선착장에서는
이제 막 창마다 환한 불을 밝히고
하얀 여객선이 건너편 항구로
떠나가고 있었다

—만나면 그대는 언제나
싱그럽고 설레이는 바람이었지

그믐밤의 어둠은

바다와 하늘을 이어 놓고
한구석으로 먹구름을 칠하고 있었다

우리는 추억의 파도에 휩쓸려 떠내려갔다
잡히지 않는 그대의 포말泡沫에
안타까이 손을 뻗으며

* 티브론Tiburon : 샌프란시스코만의 북쪽 해안가 지명.

하라주쿠原宿에서

4인조 밴드가
적막을 두드리고 있었어
흩어진 밤을 부르고 있었지
비보이가 팽이가 되어 돌고
노랑머리 염색녀女가 흔들며
옷속에서 튀어나오더군
저녁에야 기상하는 원색의 본능이
노을빛 따라 거리로 번졌다
바람이 지나간 시간들을 불러오고
사람들이 하나 둘
켜지는 등불처럼 모여들었지

누군가 뒤에서 내 손을 잡는 거야
끈적끈적 점액질 기억이
묻어나는 것이었어
그러나 돌아보아도 아무도 없었다
오래전 풍경이 눈길에 떠오를 뿐
헤비메탈의 강렬한 비트만이
이내嵐氣의 푸른 공기 속을
홍수처럼 범람하고 있었어

섬

강남역 6번출구로 나간다
폐선廢船이 누워 있는 선창가船艙를 지나 오자
대로大路의 북쪽으로 멀리 수평선이 보인다

말미잘을 크게 불린 풍선인형이
흐느적거리며 기웃거리고
젊은 게蟹들이 뉴욕제과쪽으로 몰려 간다
물 빠진 갯벌에는 선전宣傳하는 갈매기 소리 요란하고
집게발로 건네 주는 전단지傳單紙가 어지러이 흩어져 있다
뒷골목 나이트클럽 입구에선 가마우지가 울어댄다

정처없이 서성인다
이곳에서 일년을 기다리면
인파人波의 물결속에서 누군가를
한번은 조우遭遇한다는데 좀처럼 우연은 없다
내 기억의 흔적은
포구의 번잡煩雜으로 흐려지고
부슬부슬 내리는 비를 맞는다

어딘가에 닻을 내려야 하는데

시간여행을 잘못한 듯 모든 게 낯설기만 하다
그리운 얼굴 익숙한 풍경의 항구로부터
나는 너무 멀리 떨어져 왔다

홀로 외딴 섬이 되어 가고 있다

눈병을 앓다
— 黃斑變成

햇빛 쏟아지는 오후
저 멀리 보이는
그대 사는 아파트가 기울었네요
현기증인가
잠시 눈을 감았다가 다시 떠 보니
그리로 걸어가는 길이
구부러져 있어요

세상의 초점이 잘 보이지 않아요
금환일식金環日蝕을 바라보듯 주변만 보여요
빅뱅같은 중심의 암흑속에
흰 나비가 보여요
어디서 이별주 한잔 걸쳤나
갈짓자로 날아가네요

그대의 얼굴은 안개속이고
검은 머리카락만 나부껴요
그러나 어차피 상상의 기억만으로
남을 거니 상관없어요
오히려 나에겐 지나간 세월이

보이지 않으니 더욱 좋은걸요
나비는 여전히 비틀거려요

미필적 고의 未必的 故意

무심히 지내고 싶었어요
화양연화花樣年華*의 시절은
벌써 지나갔는데
늦가을 연못에
새삼스레 무슨 연꽃이 피는 걸까요

기회는 가능한 한 피하고 싶었어요
어긋나는 우연속에서의
생각지도 않은 일별一瞥이
지금 끝없이 얽히는 연실鳶의
단초였는지도 모르겠어요
예고없이 불면不眠의 태풍이 불어오면
그럴 리가 없다고
아니라고 속으로 부정하죠
하지만 스스로도
생각의 늪에 빠진 당혹감에서
벗어나기는 어려워요
멀어지려고 애쓸 거예요 그러나
시간이 거꾸로 더 가까워 지게 해도
이제 나로서는 어쩔 수 없어요

* 王家衛 감독의 영화 제목.

호우 豪雨

느닷없이
큰 소리로 쫓아온다

황급히 뛰어가며
잊고 있던
어느 순간의 망설임에
흠뻑 젖지만

끝내 돌아볼 수 없다
젊은 날의 그 사람

중력파 소고 重力波 小考

느닷없이 블랙홀이 충돌하여
소용돌이 치거나
초신성이 폭발하는 파장으로
내가 사는 행성의
한 귀퉁이와 흐르는 시간이
갑자기 휘어져 뒤엉킬 수도 있겠지

그렇게 뒤틀린 시공간에서
광속으로 앞서가던
그 옛날 그리운 이들의 빛과
상상도 못한
만남이 이루어진다면
나는 그동안 써온
허기진 그리움의 환상을
모두 다시 써야 되겠지

그렇게 어이없이 생각이 튄다해도
세월의 권태속에 무료無聊한
나의 잠재의식은 뜬금없이
그런 미지未知와의 조우遭遇를
무작정 기다릴지도 모르지

그림자놀이

유년幼年의 등불에 비친 그림자는
누구의 허상虛像이었나요

여름의 타는 노을속으로
추락하는 빛은 스러지고
끝나지 않는 기다림으로 바래버린 얼굴은
모딜리아니의 그림처럼 길어졌어요
생각은 종일 당신을 추적하다가
밤새 미로迷路에서 헤메입니다
창문을 통하여 실루엣으로
희미한 달그림자만 들어오고
보이는 것은
어둠속 달무리로 흩어지는 당신의 몸짓뿐
날 수 없는 그리움은
윤곽조차 잡히지 않는군요
말도 눈빛도 보낼 수 없는
벙어리같은 시간의 실종
당신을 쫓는 투명한 새벽을
몇줄의 하찮은 글로 맞이합니다
남은 생애에는 붙잡을 수도 없는
그림자놀이를 하고 있다구요

밤, 강변역에서

전차는 떠났다
잘려나간 잠자리의 몸통 같은
역사驛舍의 남쪽
밤의 허공 속으로
마지막 꼬리등을 점멸하며
아스라이 멀어져 갔다
플랫폼의 콘크리트 바닥에
빈자리만을 내려놓은 채
함께한 세월도 같이 떠나 버렸다

'테크노마트'의 반짝이는 조명등이
출렁이는 강물 위로
흔들리는 그림자를 드리운다
불빛이 어른거리는 환영幻影을 지우며
침묵보다도 낯선 황량한 거리로 나선다
봄은 평온하지 않았고
황사를 실은 회오리바람이
주황 불빛 번지는
포장마차의 휘장을 휘젓고 다녔다
불현 듯 허기가 몰려온다

밤의 정거장
어둠의 밀도에 일탈逸脫은 없다
그 검은 미혹迷惑의 시간 속으로
나는 완벽하게 빠져 들어갔다

가상현실 假想現實*

별은 멀리 총총하고
풍경은 파노라마인데
360도 회전하는 우주

그 낯선 세상에
시선視線이 한없이 다가가도
내 의식은
그 안의 어디에도
발 하나 디딜 수가 없다

설정된 상황이 암시하는
한 생生의 순간들이
안개속에 자욱하고
입력된 내 기억은 너무나 푸르러
시간의 미로迷路로 진화한
그대의 블라인드 사이드*를
끝내 찾아내지 못한다

언제까지고
착지着地하지 못하는 나는

허공의 빛을 타고
어긋난 시공의 그대를
그대의 부재不在를 쫓아
아직도 끝없이 떠돌고 있다

* VR virtual reality.
* blind side 死角地點,時點.

규격론 規格論

동물병원 애완견 철창속에
족보꼬리표가 붙어있던 나는
어느 날 35층 아파트로 팔려갔다
주인은 나를 목욕시킨 뒤 내 피부를
스님의 독두禿頭처럼 깨끗이 밀어버렸다
그리고는 붉고 푸른 그러나 나에게는
옥죄기만 하는 죄수복을 입혔다
먹는 것은 정체불명의 알약이었고
늘 같은 것이었다
나는 점차 맛을 잃어갔다
그들에게 재롱을 소모할 때를 빼고는
나는 거의 골방구석에 갇혀 지냈다
며칠에 한번씩 식구들이 나를 끌고
산책을 할 때에만
나는 목이 끌리면서도 조금 살아 났다
그렇게 두 살쯤 나이를 먹자
주인은 나의 생식기를 제거해 버렸다
저 심장 깊은 곳에서 올라오는 분노를
울부짖고 싶었지만
성대는 이미 절제切除되어 있었다

| 해설 |

노령화 시대를 여는 후문학파 논의

윤애경 (문학평론가 · 창원대 국어국문학과 교수)

1.

한국문인들의 고령화는 일반 국민들의 고령화 추세보다 훨씬 앞질러 가고 있어 보인다. 한국문인협회 회원 1만 3천여 명 중에 2016년 현재 65세 이상 회원의 수는 6356명으로 거의 50%에 육박하고 있다. 문인의 반이 고령자인 셈이다. 고령자 문인들이 실제 인구 대비 고령자의 수치를 훨씬 앞질러 가는 까닭은 여러 측면에서 살펴볼 수 있겠지만 무엇보다 정년 이후의 자기 관리를 위한 분야로 문학 창작이 투자 면에서 손쉽다는 것, 문단에 불어 닥친 문예지 범람 현상으로 문단 등장이 아주 쉬워졌다는 것 등에서 그 연원을 짚어볼 수 있을 것이다.

이런 현상을 보면서 강희근 시인은 이들 정년기 이후의

문인들을 '후문학파'로 이름 짓고 이들의 작품들을 하나의 흐름으로 인정하면서 종래의 문단이 얻지 못하던 새로운 활력을 터주는 것이 옳다는 입장을 피력한 바 있다. '후문학파'란 '선先인생-후後문학'의 줄인 말이다. 즉, 인생의 다양한 체험을 문학 밖의 체험으로 사장시키는 것이 아니라 유의미한 체험들을 문학이라는 자장 안으로 끌어들여 노인이 이룩하는 경륜의 세계를 형상화할 때 한국문학은 그만큼 다채로운 에너지를 축적해 갈 수 있다는 논지이다.

강희근 시인은 성종화(시), 정재필(시), 정봉화(수필) 세 사람의 동인지 『남강은 흐른다』(2015년 7월, 월간문학 출판부)에 「후문학파 시대의 도래」라는 제목으로 해설을 썼는데 여기서 처음 '후문학파'라는 말을 붙였다. 다음은 그 논의의 한 대목이다.

문인들 고령화는 일반인 고령화 12%를 4배 이상 웃돌고 있다. 문단에는 건전한 세대교체 이전에 기형적으로 고령 문인이 늘어난 것이다. 거기다 각 지방의 문인단체의 고령화 추세는 중앙단체의 추세를 뛰어넘는다는 여론이다. 그 이유가 어디 있든 고령 노인들이 문학의 땅으로 밀려들어오고 있는 것은 부인할 수 없는 현실이 되고 있다. 필자는 이런 현상을 긍정적으로 받아들일 필요가 있다는 판단이다. 지금까지는 사회 정년기를 지나고 문인으로 들어서는 새 가족들을 적의한 명분을 찾지 못해 환영하기보다는 '가치 유보'로 묶어 두어 온 것이 사실이다. 이제는 그들의 풍

부한 체험세계를 관리체계 안으로 편입시켜 들이고, 그 체험세계가 갖는 공공의 의미를 유의 깊게 살펴 문학의 성과 속으로 올려놓는 것이 한국문학의 외연뿐만 아니라 내면의 확장을 위해 긴요하다는 것을 인정하자는 것이다.

인용 대목은 '왜 후문학파인가?'라는 물음에 답하는 내용으로 읽을 수 있다. 강희근의 해설은 세 사람 동인의 작품을 두고 쓴 것이지만 굳이 세 사람만이 후문학파라는 말을 쓰지 않았다. 그렇더라도 논의의 출발점이 된 세 사람의 향후 작품들에 대해서는 '선 인생' 이후의 문학으로 가는 길에 세워진 하나의 이정표 또는 그 중심 현상으로 이해될 수 있을 것이다.

필자는 이쯤에서 후문학파의 연령을 꼭 65세나 사회 정년기의 것으로 고정하는 것이 좋을까 하는 데 대해서는 보다 탄력적으로 대처하는 것이 타당하다는 입장이다. 직장을 갖지 않은 사람 중에서는 30대 말 또는 40대 초반 이후에 문인으로 등장하는 경우가 많다는 사실에 주목할 필요가 있다는 점이다. 그런 사람들 중에서 '선 인생'의 체험이 독자적이고 유의성이 강한 면을 지니고 있을 수 있다는 생각을 할 수 있기 때문이다.

지금 필자의 머리맡에는 김열규 교수의 『노년의 즐거움』(2009, 비아북)이 놓여 있다. 머리말 「세 가지 빛살로 눈부신 노년, 그 새로운 시작에 부쳐서」를 막 읽었다. 세 가지 빛살은 노숙, 노련, 노장에서 나오는 빛살이다. 노년은

설레임이다. 김 교수가 말한 대로 교향악 마지막 장의 '코다'coda이다. 앞장의 리듬을 잇는 것이지만 종결부는 그것대로 장려한 숨결이다. 그런 흐름을 붙드는 '후 문학'의 등장은 새로운 시대의 설레임일 수 있다.

2.

필자는 최근에 시집을 낸 박수중의 『크레바스』(미네르바시선 35)를 접하면서 그가 후문학파 시인이라는 점을 확인했다. 우선 그의 이력을 3권의 시집에서 찾아 정리하면 다음과 같다.

*1944년 황해도 연안 출생
*경기중고 서울대 법대 졸업
*서울대 재학 중 낙산문학회 회장
*일본 교토대학원 수학
*외환은행 입사 후 34년간 근무
*재직 중 일본, 홍콩, 미국에 주재 12년
*재직 중 IMF를 만남
*외환코메르츠 투신운용(주) 대표
*은퇴 후 『미네르바』 작가회에서 활동
*첫 시집 『꿈을 자르다』(미네르바시선 21)
*둘째 시집 『볼레로』(미네르바시선 28)

*셋째 시집『크레바스』(미네르바시선 35)

박수중 시인의 '선 인생'은 대학 재학 중에 문학 활동을 한 것과 금융계에 투신한 34년을 줄거리로 한다. 성종화 시인이 학생문사로 활동한 것과 유사한 이력을 보인다. '선 인생'에 문학적 열망을 지니고 있었던 것이 '후 문학'의 출발을 예고하고 있었음을 감지할 수 있는 대목이다. 또 이병주처럼 '선 인생'의 서사적 요소가 '후 문학'에서 곧이곧대로 대응하지 않는다는 점에서도 성종화와 일치한다. 그러나 박수중의 경우 외국 주재시의 기행적 체험들이나 시대적인 추억의 파편들이 간간이 형상화의 옷을 입고 선을 보이는 점에 주목할 수 있다.

성종화의 시가 대체로 체험의 정서적 대응인 데 비해 박수중의 시는 체험의 지적인 대응이거나 의식지향이라는 점에서 구별이 된다. 세 권의 시집 중 첫 시집의 첫 작품을 보면 이 점이 그대로 드러난다.

아와지시마淡路島의 외딴 길에서
내려버린 그대와의 세월
햇빛 쏟아지는 초봄의
환영幻影 속으로 사라져버렸네
그후로부터 나는
그대에게는 상관 없는 기다림이었지
빛나는 햇살의 그대를

멀리서 눈부시게 쳐다보아도
나는 늘 한갓 그늘에 불과하였네

한동안은
그대 눈에 보이지 않는
공간의 사각死角에 있더라도
시간만은 같은 세상에
함께 있다고 생각하였네
어이 없게도 그것조차 착각이었느니
내가 살아온 그늘은
시간의 진화進化가 느려
낡은 기차의 기적 소리 이후
다시는 조우遭遇할 수 없는
그대 시간의 사각 시점에 갇혀 왔다네

—「블라인드 사이드」 전문

시집 상의 처녀작으로 읽히는 이 작품에서 화자는 그대와 헤어져 시간의 사각지대에 갇혀 있음을 노래하고 있다. 박수중의 '선 인생'에서 일본 주재 은행원 생활이 기록되어 있는데 그때의 체험이 형상화 된 것으로 추측된다. 그대와 헤어져 기다림이라는 세월을 보내는 것이 그늘이었지만 그것이 공간의 사각지대라 하더라도 화자는 시간의 사각지대에 있지 않았다고 말한다. 그러나 그것은 착각이었고 시간의 진화가 느린 기차의 기적소리 이후 화자는 시간의 사각지점에 있다는 자각을 보인다. 그대와의 별리를 시공간의 개념으로 접근하고 있다. 이국체험의 일단이고 그것이 '블라인드 사이드'라는 미식축구 용어를 빌어 보다 지적인 탐구의 공력을 보인다. 일본의 아와지시마섬과 초봄의 햇빛과 기다림이라는 풍경이 하나의 환상을 만들어낸 작품이다. 탐구라는 것에 걸맞는 햇빛과 그늘의 대응, 공간과 시간의 대응이 지적 프리즘으로 투영되고 있다.

박수중의 '후 문학'이 주는 무게감은 이미지의 직조나 관념의 배열이 틈 없이 연결되고 있는 데서 비롯된다. 다음의 시에서 박수중의 미국 체험을 만난다.

세월이 물결 치듯 흐르고
나는 다시 그곳에 갔다
그대의 부재와 함께

멀리 항구의 불빛이
안개 속에 반짝이며 다가오고
금문교의 붉은 조명이
밤하늘의 어둠 속에 짙게 걸려 있었다

초봄의 바닷가에선
아직도 차가운 바람이
낚시터에 선 우리에게 불어오고
가까운 기슭의 선착장에서는

이제 막 창마다 환한 불을 밝히고
하얀 여객선이 건너편 항구로
떠나가고 있었다

–만나면 그대는 언제나
싱그럽고 설레이는 바람이었지
그믐밤의 어둠은
바다와 하늘을 이어놓고
한 구석으로 먹구름을 칠하고 있었다

우리는 추억의 파도에 휩쓸려 떠내려갔다
잡히지 않는 그대의 포말에
안타까이 손을 뻗으며

—「티브론 해안」 전문

인용시는 미국 샌프란시스코의 북쪽 해안가의 저녁 풍경이다. 앞의 시에 비해 낭만적인 분위기를 보여준다. 항구의 불빛, 금문교의 붉은 조명, 하얀 여객선의 이동 등이 아름답게 펼쳐진다. 그러나 화자는 '그대의 부재'라는 문제상황을 겪고 있다. 먹구름이고 포말로 부서지고 파도가 휩쓸리는 공간이다. 티브론 해안이기 때문에 그 부재는 더 아프게 다가온다. 이 시에서도 '선 인생'의 중심추에서 비켜나 있다. 중심추는 업무적이거나 시대적인 고뇌 같은 것이 녹아 있는 점을 가리키는 것이다. 필자는 여기서부터 '선 인생'의

후동적 문학이라는 욕심을 버려야 할 듯싶다. 「하라주쿠에서」나 「요세미티 회상」이나 「페블비치 회상」 등은 중심추가 아니기 때문이다.

나는 두 개의 갈퀴 발가락으로
나뭇가지에 거꾸로 매달려 있어요
하루에 몇 번인가 움직이지만
조금 떨어져서 보면
생각없이 허공을 지키는 그냥 나무이지요

나는 느려요
차라리 점으로 찍혀 있다고 할 수 있어요
온종일 꿈을 꾸며 보내지요
바람의 끝에서 그대가
다가오기를 한없이 기다려요
내게는 기다림이 곧 사는 거지요
세월도 같이 거꾸로 매달려 있어요

거꾸로 보이는 세상에선
하늘이 땅이고
옛날이 지금이예요
구름이 지나가고 비가 내리고 햇빛이 쏟아져도
그대가 나를 나무의 요정으로부터
해방시켜 줄 때까지 나는 기다립니다

기다리고 기다리다 그대가 오지 않으면
그대로 연리지로 굳어지겠지요

그러니까 그대여
섬광처럼 내게 와서 나를 깨워 줘요
그제서야 비로소
나무의 주술에 걸린 나의 시간이
다시 풀릴 테니까요

—「나무늘보」 전문

인용시는 그대를 기다리며 나무에 거꾸로 매달려 있는 나무늘보(화자)의 기다림에 대해 쓴 시다. 그대를 기다리며 점으로 찍혀 있고, 거기서 온종일 꿈꾸며 사는 짐승이 곧 나무늘보이다. 거꾸로 보이는 세상에선 하늘이 땅이고 옛날이 지금이라는 것, 비가 내리고 햇빛 쏟아져도 기다리며 매달려 있으므로 연리지가 되기 전에 그대가 와서 나무의 주술에서 풀어달라는 것이다. 그대는 누구일까? 인간 실존의 기약 없는 구원자일까, 그런 날이 올 수는 있는 것일까, 이렇게 매달려 있음이 오히려 답인지 모른다는 것, 그런 사색이 의식의 단층을 이룬다. 의식지향의 존재감이 절실하다. 시상이나 견디기의 의식이나 생각하는 바의 지적인 탐색 같은 것이 이 시의 본질로 읽힌다. 그는 대상을 스스로에게 끌어오는 데 밝고 지혜롭다. 연륜을 바라볼 수 있는 세계를 보여준다. 후문학파의 입지가 드러나 있음이다.

박수중의 '선 인생'의 '학생시절'은 놀랍게도 체험의 배경에 꼭꼭 숨어 있다가 우리 앞에 나타난다. 반가운 해후 같이 읽히는 시다.

그때 우리는 모두 가난해서
목이 긴 워커 군화에
청계천변에서 검게 염색한
군복을 입고 학교를 다녔어요
최루탄 가루가 하얗게 묻은 채로
경찰서 유치장에 내동댕이쳐져도
염색옷은 자유로웠고
부잣집 솜옷보다 편했지요
거리에서도 마로니에 밑에서도
밀폐된 시간의
지독한 담배연기 속에서도
희미한 옛사랑의 그림자 같았던 그 옷은
엄혹한 시대에도
더러움을 타지 않았어요

—「시절을 염색하다」 전문

인용시는 1960년대의 엄혹한 시대가 추억의 세계로 인화되어 있다. 화자는 대학생이고 워커 군화에 염색 군복을 입었고 최루가스를 밥 먹듯 마시며 지냈고 경찰서 유치장에 내동댕이쳐지기가 예사였다. 그런 시절의 밀폐된 시간을 견디던 옷, 희미한 옛사랑의 그림자로 남아 있는 옷, 더러움이 타지 않은 순수 무결의 옷이 당시의 대학생의 또 다른 제복이었다. 시절을 염색했던 옷이기에 아직 그 옷은 추억의 공간에서도 바래지 않은 옷이다. 화자는 추억에 젖어 있지만 아직 그 추억은 역사로 진행 중이다. 이 시를 두고 우리들 독자의 반가운 해후로 보는 것은 그때를 잊지 못하고 있을 뿐만 아니라 시대는 이 시절의 풋풋함을 그리고 있다고 믿기 때문이다. 이 시는 그렇다고 이병주의 기록적 반성이나 노예로서의 준열한 자각의 선에는 미치지 못한다. 그것은 아마도 시적 양식이 갖는 서정성이라는 제약을 뛰어 넘지 못한 때문일 것이다.

박수중 시의 무게는 다음과 같은 시에 실리고 있다. 「규격론」이 그것이다.

동물병원 애완견 철창 속에
족보꼬리표가 붙어 있던 나는
어느 날 35층 아파트로 팔려 갔다
주인은 나를 목욕 시킨 뒤 내 피부를
스님의 독두처럼 깨끗이 밀어버렸다
그리고는 붉고 푸른 그러나 나에게는
옥죄기만 하는 죄수복을 입혔다
먹는 것은 정체불명의 알약이었고
늘 같은 것이었다
나는 점차 맛을 잃어갔다

그들에게 재롱을 소모할 때를 빼고는
나는 거의 골방구석에 갇혀 지냈다
며칠에 한 번씩 식구들이 나를 끌고
산책을 할 때에만
나는 목이 끌리면서도 조금 살아났다
그렇게 두 살쯤 나이를 먹자
주인은 나의 생식기를 제거해버렸다
저 심장 깊은 곳에서 올라오는 분노를
울부짖고 싶었지만
성대는 이미 절제되어 있었다

—「규격론」 전문

인용시는 애완견의 비극을 노래하고 있다. 그 비극은 애완견 철창 속에 갇혀 지내다가 35층 아파트로 팔려나가 주인은 애완견의 뜻과는 무관하게 전신의 털을 밀어버리고 붉고 푸른 죄수복을 입힌 데서 온다. 늘 알약을 먹어야 했고 입맛은 잃어갔고 늘 방구석에 처박혀 있어야 했다. 어쩌다 산책을 할 때 목이 매인 채 끌리듯 나돌아보는 것이 자유의 전부였다. 주인은 애완견의 생식기를 절단하고 드디어 울지도 못하게 성대마저 잘랐다.

애완견은 인간에게 사육되고 인간이 필요한 때 재롱거리로 사는 것이 그에게 주어진 운명이다. 시인은 무엇을 말하기 위해 애완견의 비극을 말하는 것일까. '족보 꼬리표'와 '죄수복'이 환기하는 것을 주목할 수 있다. 한 번 꼬리표는 영원한 꼬리표라는 점, 죄수는 남녀 성별과 관계없이 멍에를 짊어지고 살아야 하는 치죄된 자의 모습이다. 일단 이 시는 인간이 가지는 본질적인 부조리에 관한 것일 수 있고 다른 하나는 시대적인 의미의 순응주의에 묶여 있는 자의 비극에 관한 것일 수 있다. 「시절을 염색하다」에 연결하면 후자의 의미가 될 것이고 「나무늘보」에 연결하면 전자의 입장이 될 것이다. 필자는 존재론과 시대론의 양자를 포괄하는 것으로 이해하고자 한다. 그만큼 박수중의 시는 외연이 넓고 내포가 깊다. 그의 시가 중량감을 가진다고 한 것은 여기에 그 까닭이 있다. 한용운의 '님'이 내포하는 것과 유사하다. '님만 님이 아니라 긔룬 것은 다 님이다'고 한 대목에서 우리가 님의 운동성을 짐작한 것처럼 말이다.

박수중은 확실히 지적이면서 의식지향의 세계를 보이는 시인이다. 일부 낭만적인 터치와 이미지들이 있으나 그의 시에는 부단히 '그대'에 대한 부재를 지적하고 있다. 그대는 누구에게나 '긔룬' 존재로 있어야 할 대상이다. 그 갈증 언저리에 박수중 시의 핵심이 놓여 있다.

3.

노령화 시대는 이제 거역할 수 없는 현실로 다가와 있다. 고령화라는 말 대신 노령화라는 말을 쓰면서 노숙, 노련, 노장의 의미를 새기는 지혜가 필요하다. 문단은 노령화를 하나의 조류와 자산으로 삼고 이들의 길을 터주는 것이 바람직하다. 비가 산 능선을 대책 없이 흘러내릴 때 그 물이 산발적으로 흩어져 나가는 것을 버려두지 말고 하나의 물꼬를 치고 거기 커다란 수통을 대어 물이 유용한 데로 가게 하는 것이 바람직한 일이다.

이병주의 소설은 '선 인생'이 '후 문학'으로 안착해 가는 하나의 원론적 이행의 본보기다. 성종화는 시가 닿는 '후 문학'의 서정적 이행으로, 박수중은 시가 가지는 양식의 제약을 넘어 이룩하는 지적인 의식지향의 '후 문학'으로 우리 앞에 선보이고 있다. 김열규가 노령시대를 '가슴 뛰는 삶의 시작'이라 했다. '후 문학'이라 부르고 '후 문학'을 바라보면 사방에 가슴 뛰는 '후 문학'이 보일 것이다.

(한국문인협회「한국문학인」2016 가을호에서 전재)

미네르바시선 43
박제 剝製

편집 기획 **미네르바**
주소 03131 서울특별시 종로구 율곡로6길 36 오피스텔월드 802호
전화번호 02-745-4530 **팩시밀리** 02-745-4530
전자우편 minerva21@hanmail.net

펴낸 곳 도서출판 지혜 **펴낸이** 반송림
지은이 박수중
초판 인쇄 2017년 8월 10일 **초판 발행** 2017년 8월 10일
편집 디자인 김지호
주소 34624 대전광역시 동구 선화로 203-1, 2층 도서출판 지혜 (삼성동)
대표전화 042-625-1140 **팩시밀리** 042-627-1140
애지카페 cafe.daum.net/ejiliterature **전자우편** ejisarang@hanmail.net

ISBN 979-11-5728-244-9 03810